나무 없이는 아무것도

나무 없이는 아무것도

고주희 시집

청색종이

시인의 말

나는 매일 밤 숲으로 간다.

고주희

차례

나무 없이는 아무것도

고주희 시집

005 시인의 말

I

013 인디언 무화과
016 아마릴리스가 건너온 밤
018 그녀는 검은 새 몇 마리를 가졌다
021 핀베리 궁사 클럽
024 석류의 빛깔
027 뒷면의 일
030 나무 없이는 아무것도
032 the Days
035 노마 윈스턴이 온다
038 정화된 흙
040 물꽂이
042 여름에 닿는 일
044 거울의 문양
046 무환자나무는 여기
049 펠리온나무의 밤

II

- 055 알렉산드리아 도서관
- 057 꽃삽
- 060 한 사람을 일으키는 일에 대해 생각했다
- 062 작은 약그릇을 받쳐 들고
- 064 박물관에서 보이는 집
- 067 그루후제
- 070 살레 안의 고기
- 072 물에 뜨는 돌
- 074 수영장
- 076 열대 정원에서 즉시 깊은 잠
- 078 레무르
- 080 다섯 계절의 습작
- 082 충분한 경건
- 084 돌의 비망록
- 086 날개와 뿌리
- 088 수림(愁霖)

III

- 093 이블린 글레니는 맨발
- 096 조니 미첼
- 099 감각 대 기량
- 102 인기척에 가까운
- 104 기적의 일부

- 106 빌리지 뱅가드에서의 일요일
- 108 제주소년블루스
- 111 밤수지맨드라미
- 114 루프 스테이션
- 116 협연의 방식
- 118 음악

IV

- 121 탕헤르, 종달리
- 124 개나리 가지에 얼마나 많은 개미들이 사는지
- 126 불모지
- 128 장기 입원자
- 130 돼지들
- 133 캐서린 존슨 계산연구소
- 136 이 복도를 오가는 하인들을 생각해보세요
- 138 은밀한 생
- 140 파도 위에서 패들링
- 142 르 코르동 블루에는 없는
- 144 여태 벽돌 한 장 못 올린 건축가에게
- 146 뿔소라 사원
- 148 조용한 반역은 어떻습니까

해설
- 153 양의성의 세계와 키메라적인 것 | 장이지(시인)

I

인디언 무화과

어릴 적 집 마당 한구석에
푸르게 익어가던 무화과, 무화과 익을 때면
우윳빛으로 터져 나오던 알 수 없는 신음들

개미와 부서진 달걀껍데기가 섞인 화단에서
당신은 무슨 말인가를 중얼댄다

가끔은 화가 난 것처럼
하늘로 삿대질하고
그러다 히죽대며 붉은 씨방 같은 잇몸을 드러낸다

코피가 자주 나던 나는
선인장 우린 물을 마셨고
남은 물로는 얼굴과 손을 씻었다

행위가 중의적으로 반복될 때
사람들은 그것에 의미를 부여했다 가령
미쳤다거나, 들렸다거나

지혈제처럼 달라붙는 시선들이
집 밖으로는 나오지 않는 사람을
집요하게 끄집어낸다

눈물은 약간의 탄닌 성분으로 떫고
풀어진 녹색의 기류를 포집하는 사람이
마당에 서 있다 어쩌다 마당이 전부인 사람

배열된 털 가시들이 모두 떨어지는
어린 선인장의 성장인지 비명인지 모를

관계없이 자라난 무화과가 끝없이 담장을 넘기며
바람은 검게 채색된 덩어리들을 굴리고 있다

인디언과 무화과는 멀고
그것을 보는 사람의 눈동자는 비어

로드킬 당한
날것의 서사를 기억하지 못한다

오랜 병구완에
갈급이었는지도 모를

시뻘건 울음주머니를 매단 체

여름은
좁은 타원형의 원산지를 가진다

아마릴리스가 건너온 밤

어둠은 발코니 면적 안에 포함된다
노래는 속이 빈 꽃줄기의 공회전이라는 뜻

마야인은 고래상어의 몸에 숫자가 새겨져 있다고 믿었다
점과 줄로 표시한 촉
내 피 어딘가의 마야처럼
젖혀진 적색 잎끝마다 모를 숫자들이 새겨져 있다

바다의 플랑크톤을 걸러 먹는 아가미
여섯 장의 꽃덮이 속에 숨겨진 꽃대

겁 많은 침묵이 어푸어푸 소리 낼 때
나의 아스텍, 당신은 여전한 맹물의 맛

사람 앞에 안개가 펼쳐지고
뒤에선 해가 비쳐
그림자 목둘레에 무지개 테가 입혀지던 순간

온실과 화단의 경계에
누가 남겨둔
우림의 물가 쪽으로 자라던 발

구근들, 비늘줄기라 겹쳐 불리며
숲의 물기로 파고드는
밤의 내레이션이 한창일 때

당신을 만나 입을 맞췄고 익숙하게 멸종되었지
물웅덩이를 가장한 돌봄 속에서
흐무러진 꽃의 겨울은 사라진다

열대와 무한 사이에 놓인
붉은빛으로 이상하게 비쳐 나오는 음절들
죽음의 기표처럼 선명한

발의 아치가 회전한다
트럼펫을 닮은 귀들이 아침이면 젖어 있다

그녀는 검은 새 몇 마리를 가졌다

오랜 확신인 듯 누군가 말한다
행복은 크게 한 번이 아니라 작게, 여러 번 피도치듯 온다고

세상에서 가장 무거운 병 속에 담긴 빛
향신료 때문에 벌어진 전쟁은 아침마다
나를 기침 끝에 울게 하고

상수리나무처럼 기다란 사내가
나무 주위를 빙빙 도는 새처럼
거듭한 몇 개의 일에 대해서만 슬퍼한다

이해하기엔 나는
겨우 길가에 떨어진 조밤*이나 줍는 사람

눈물이 그렁그렁한 사람은 보았어도

---
* 조밤: 구실잣밤.

그런 새는 보지 못했지, 당연한 말이겠지만
신은 그 정도의 사이도 거리도 허락하지 않았으니

핏줄 선 너의 눈을 바라보다
체로키 인디언의 눈을 닮은 새를 생각한다
몇 번이나 인사말을 연습시켰지만 끝내 한마디도 없던

가장 추운 곳에서 온 밀주를 받아마신다
그들이 건넨 혹한의 인사, 살았니, 죽은 줄 알았는데

자매여,
노래를 열 개만 품어도 시인이 된단다

모르고 밟은 꽃이
모르고 밟은 개미가
모르고 밟은, 아니 사실은 알기 싫은 개미의 어떤 저항이

날개를 먼저 그려야 눈이 생기는

번뜩이고 울고 날뛰는 상태 이후의 소리
초목이 무성하듯 내려앉은 어둠에
날카로운 발톱이

일정한 죽음과 모래를 만들어낸다

여행지의 사람들은 링곤베리 맛이 나는 언 개미를
아이스크림 위에 얹어 먹는다

눈을 질끈 감고 숲을 삼켜야 하는데
사라질 핑곗거리를 찾는 당신이 목에 걸리고
죄책감 없이 날개를 부러뜨린다

새들이 깨지 않도록

핀베리 궁사 클럽

고요한 오후의 난장 속에서
오동나무는 자주
졸린 목수처럼 연장을 놓치고

피아노 덮개보다 좁은 그늘에서
작은 소리 여럿쯤 감춰주는 바람을 기다린다

필방에 걸린 다양한 크기의 붓들은
번져갈 화선지를 기다리고

척추가 활처럼 휘면 무용수에게 유리하듯
습도에 약한 노래는
스스로에게 시위를 겨누는 고독한 궁사

기타를 만들어 본 사람은
새의 깃털로 포장된 화살촉을 믿지 않는다
치명상을 입었던 곳에는 종종
강철과 여러 줄의 유리섬유로 이루어진 악보

자꾸만 빗나가는 생을 부축히다
작은 소리만 찾아다닌 여행에선
풀이 들판을 밀어 올리듯
세상에 없는 사람들의 노래가 밤을 풍부하게 했다

법칙을 아는 순간
법칙을 벗어나기

아무런 시간도 걸리지 않은 벽엔
아가판서스의 보라색 폭죽

널따란 오동나무 잎 떨어지는
외로운 의자에도
약간의 구조물 변경이 필요하다

기타 피크는 탁자를 괴고
저녁은 잠시 과녁의 형식을 빌려왔지만

밴드의 프런트맨처럼
노래는 자주 형상이 바뀌고
우울의 간격은 그만큼 짧아졌다

석류의 빛깔

1

너는 너의 얼굴 뒤에 있다
입을 앙다문 자세는 화려한 조각상으로 멈춰 있다
표면을 광택으로 입혀놓았지만, 누군가 흠집을 내며
시간을 앞서나가려 한다

2

바람에 흔들리는 천과 물처럼 너는 혼자다
성당의 계단을 긴 옷자락을 끌며 내려오는 사제
무표정한 얼굴의 합창이 끝나고
정각의 종소리는 영혼이 고통스러운 어떤 나무에 걸려 회항한다

3

그림자는 닦아도 사라지지 않는 금속

부드러운 가죽질의 껍질 속에 여러 개의 방이 산다
씨를 둘러싼 촘촘한 레이스들은 연인의
아름다운 칼을 기다린다

4

스스로를 배신했던 기억을 지운다
질투와 증오를 없애려거든 베어라, 석류를
꺾꽂이의 변종으로 자라난 가을이
건조한 얼굴들을 잠식하고 있다

5

당신이라는 구원 체계에서 멀어진다
부서진 치아 사이로 성수를 흘려 넣어도
석판 위에 으깨진 석류는 되돌아오지 않는다

6

어둠은 스무 마리의 양과 아르메니안 카펫 사이에서 길러지고
비정형의 나무에
피처럼 무한할 갈증을 선물한다

뒷면의 일

하루 재워둔 수돗물을 분무기에 담는다

셀렘은 밤새
동글게 말았던 연두 잎을 다 펼쳐

나는 사랑받는 풀처럼
예쁘다, 장하다 연발인데

보이지 않는 뒷면에 물을 뿌리며
그때는 왜 몰랐을까, 혼신으로 앞면을 닦아내며

그러나 눈물을 마시는 쪽은
거친 솜털이 있는 뒷면

가보렴, 트랙터의 열쇠를 쥐고 어디로든

졸졸 따라다니는 그림자마저 걷어낸
돌올한 이마의 정오는

부서진 땅에서도 부서지지 않고
앞걸음도 뒷걸음도 아닌 멈춤의 액체 상태

돌은 하나의 정원
노래라는 광물질을 뒤집어쓴 채

약간의 땅에서 벌어지는 분투는
사실 더는 죽음이
자라기를 원치 않는 온실이었나

옮긴 적 없는 마음의 텃밭에도
침범하는 잦은 병충해

손을 걷어붙이고 땀을 흘려도
때가 다해 잎은 지고

만지면 델 듯 뜨겁고

초록으로 질식할 것 같은 구멍들이
잡초처럼 완강히 번져간다

밤의 유원지를 닮은 식물에선
배타적인 흙 맛이 난다

나무 없이는 아무것도

밤의 제의실에서
당신은 무얼 하고 있나요
온몸을 휘감은 어둠이 램프를 밝히곤
드레스 자락처럼 그림자를 늘어뜨립니다

슬픔은 낙엽처럼 놓아주자, 노래의 한 구절에
사계절의 한 사람이 살고
초록과 검정을 아낌없이 눌러 담아
나 같은 가엾은 사람도 어스름한 상태로 깨어 있지요

그레고리안 성가를 들으면
없던 종교가 생기는 것처럼
막 깨려는 잠과 기침 사이에
종소리처럼 소박한 새소리 깃들고

새벽은
어림짐작으로 빚어진 제 얼굴을 살피려
최대치로 검은 유리창을 밀어냅니다

안부라는 게,
숲과 가까워지면 못 보던 벌레들이 생겨나고
꼼짝없는 산책만 늘어나는 일이라고

루피너스가 곧게 자라나는 속도로
여름은 발아래 울창해
날마다 웃자라는 가지를 쳐내는
당신의 은신처는 지금이 가장 안전할 때

그러나
아침에 본 나무가 밤에 사라지는 일은
적지 않아 마냥 마음을 주지는 말자
다짐을 치켜들어도

밤에 실행되는 두려움은 나를
식물이 없는 곳에 세워놓습니다

the Days[*]

비는 힘을 가졌지

늙은 소철나무의 잎을 부드럽게 하는 힘
초록을 더 짙은 초록으로 끌어올리는 힘

그럴 때 손을 내밀면 베이거나 찔리지 않고 그냥 흐르지

가까이서 보면 작고 나약하고
역겹게 보이는 것들

뿌리 밖으로 긴 발가락을 움직여
기척을 보내오는 제 안의 모든 벌레를 지켜내지

뭐든 가까이 있으면 흠집이 나서 견딜 수가 없다는
너로부터 두어 발짝 뒤로

---

[*] the Days: 김보희, 〈the Days〉(2014년 作).

나무 아래 더 작은 나무
더 작은 나무 아래 들꽃, 넝쿨 지어 기어오르는 새순

높이를 쪼개며 낮아지는 빗방울
개미가 두 배로 커지는 투명 볼록 거울
또 그 아래 장식용 코끼리처럼 춤추는 구름

내가 서 있는 이 한 줌의 평온
비좁은 풀의 간격을 재는 일처럼 소용없고
간절히 바라던 일의 결말과는 먼

비 갠 뒤 어둠은
어디선가 회색빛 자두를 키우고

해변을 입양해서 돌보는 노인들이
밤새 알을 부려놓고 사라진
거북이들의 미래가 된다

하루에 일곱 번 물빛이 바뀌는 바나
바다의 물빛이 전시된 미술관
푸른 현판이 되어 내걸린 사철나무들

한차례 소나기를 만난 전생이
대책 없이 또 붉게 젖는다

노마 윈스턴*이 온다

낮에는 마트에서 일하고
밤에는 무대에 오르는 여인이

아들의 결혼식에 가기 위해
기타를 파는 영화를 보았다

언젠가부터 사라진 이들의
안부가 궁금했지만

꽃 아래쪽 구멍을 뚫고 들어가
수분에 도움을 주지 않는 밤의 꿀 도둑처럼
지나쳤다

추락하는 새들과
견고한 벽돌의 곡선 사이

---

* 노마 윈스턴(Norma Winstone, 1941.9.23.~): 영국 태생의 현존하는 최고의 재즈 보컬리스트.

음악은 영혼과 망각을 오가는
지렛대 역할을 했던가

꿈 때문에 세계가 무너졌다가
다음날이면
별일 아닌 일들이 세계를 구출했다

무수히 그어진 초록을 따라
모서리들의 학명을 기록하는 것은 길고 난해한
통증의 기저를 끝내 덮기 위함인지

여자인지 남자인지 모를
얼굴에 도달하면
비로소 숲은 빛이 소거된 극야에 놓여

안심한다, 나는

아직은 다친 곳에 잎을 대고
붕대를 감는 원시림 같은 곳이 남아 있어

잠의 거의 두 배나 되는 밤이

어둠에 젖은 후렴구를 갉아 먹고
나무들을 진흙탕으로 이끌 때

숲의 덮개를 열고
달의 페달을 밟아 도착하는

부서지기 직전의 목소리 하나

정화된 흙

어떤 마음이 걸어들어와서
진록의 그림자를 덮었다가 치웠다가
땀을 흘리는 일만 허락하는 여름이었다

속해 있는 일을 거부했다면

뿌리내리기 전 몬스테라처럼 물속에서
마냥 초조해하지만은 않았을 테고

끝내 다른 곳에 와
기척을 내는 자단나무 향 따위에
마음을 얹지는 않았을 테고

석호에서 떨어져 나온 가지와 함께
돌을 껴안고 묻힌 흙

가만히 엎드려 한 손을 뻗어
빛을 가릴 때 그림자는 커다란

파초의 무늬를 끌어다 썼다

내가 말한 것들은
의미가 있다가도 의미가 사라졌다

침대 아래에는
지난밤의 피와 오줌이 흥건하고

어떤 상태인지 모를 밤이 그대로 지나간다

벌레가 살지 않는 흙과
세척된 돌이 일궈놓은 나의 정원에

본 적 없는 꽃이 피었다

물꽂이

가녀린 손이
피다 만 밤을 순집기 한다

외목대로 키워진 나무도
조그만 육묘용 포트가 고향이고

흰 보리 싸리꽃은
어딘가에서 시작된 늪지 혹은 물웅덩이

돌 하나가 나무고
돌 하나가 새이고
그런 돌 하나를 손에 쥐고 던진 날이 있지

라벤더 줄기차를 나눠 마시는 혈육들이
발아래 가만한 발을 겹치며

겉흙이 말라버린 슬픔과
과습을 방지하기 위한 무심함을

우리는 잊으며 수시로 기억한다

장마 때는 물을 주지 않고
정수기 물은 안 되고
물길이 만들어지면 곤란하니까

꽃눈이 생기기 전에 가지치기해야 한다
가위 대기를 두려워하면 꽃을 아까워하면
새의 숭배는 사라지니까

잔뿌리를 놓칠까봐
적당한 유리 화병을 골라두었다

불면의 가지들이 흘러들어
밤이 늘 찰랑대도록

여름에 닿는 일

그러니까,
작은 빗방울 하나가 눈동자에 침범했을 때
너는 잠시 걸음을 멈췄고
세상은 잠시 눈을 잃어버렸다

색은 더 갈 곳이 없는 여권,
훔친 주소의 수국은
여름 내내 보라색 도장을 찍어댔다

빗방울은 무수한 각막과
몇 통의 부재중 전화에 참여하곤
젖은 소매를 당겨 흰 손목을 뱉어내는 중

비는 어디에도 있고
잠깐 비를 피한 지점에서
껍질의 혼합물인 듯 당신이 발생한다

스토브 위에서 뭉근히 끓고 있는
묘약과 치료 약의 모호한

그 경계에 차가 놓여

스포이트로 흘린 액체는
홍수가 아닌 겨우 한 방울인데
삼림관리원처럼 호각을 불며
상수리나무들이 달리고 있다

밤의 입안으로
제멋대로 축축한 검은 말들이 다녀가고
풀을 혀로 핥듯 너는 나의
감은 눈을 어루만진다

숲의 밤을 따라 걸으면
누군가 흘려놓은 흰 조약돌
나 말고는 아무도 찾을 수 없도록

비가 그쳐야 도착할 음악을
풀숲 어딘가에 밀봉해두었다

거울의 문양

십 년 전의 나를 담당했던 서울이 놀러 달아난다

심포니, 너의 서곡
독주자와 독주자들, 협주자와 협연자들
모객이자 청객인 짐꾼과 트레킹 사이에는
아주 위태로운 천국이 놓여 있다

보헤미안의 목록에는 무엇이 있을까,
슬쩍 꽃을 찔러주어야만 할 것 같은 잠꼬대
겁 많은 개가 요란하게 짖어댈 때
그림자는 철제 덧문에 집착한다

슬리퍼와 잠옷으로 무장한 사자들은
빛을 가두어 놓은 뒷면에
산더미처럼 과일과 꽃을 쌓아두고
기도를 떠받치는 무덤의 자세를 유지한다

내 몸 안에 심어진 푸른 촛대

잎이 없이 가시로만 이루어진 최초의 식물은
데본기 중엽의 언어만을 이식한다
밤의 면적으로서만 작용하는 가시들

이마의 도끼 자국 같은
자줏빛 흉터를
조율할 새도 없이 튜닝도 하지 못한 체

농담으로 시작해서 거대해진 음악은
사냥개를 모는 죽음처럼 시큰둥하고
납덩이처럼 무거운 형상들을 어루만지다보면
팔이 저려온다

누구의 것도 아닌 윤곽

적당한 깊이의 구덩이가 어둠을 발생시켜
맺힌 상 위에 겹친
녹슨 손자국들은 아직 졸음에 갇혀 있다

무환자나무는 여기

한 그루의 무환자나무를 뜰 안에 들이면
정말
병들거나 죽는 일이 사라질까

갈잎나무에는 한 아름이 넘는 어둠이 자라고
이따금 바람은
가장자리 밋밋한 잎의 너머를 더듬대는데

바스러질 것 같은 것들은
왜 염려와 걱정이 함께일까

끝으로 갈수록 뾰족한
한 대궁의 세계가 나는 가끔
두렵다

가장 무른 곳이 어딘지 안다는 듯
함부로 구는 너

휘파람을 불어도
새는 뒤 돌아보지 않고

두 번 다시 악몽은 꾸지 말자
저기에 너의 집을 지어줄게

까맣고 단단한 돌
자루에 가득 담아 하나씩 던지다,
어떤 날은 깊은 물 속으로 데려갔는데

헤아리는 기도에
물의 기척에
팥알 크기의 꽃들이 둥둥 떠올라

누가 문지른 적도 없는데
거품이 떠다닌다

밤의 속껍질에 포함된 열매는

수행자의 민간요법,

충분한 애도로 반질반질해져
더 이상 아프지 않은 이가

뜰 안에 있다

펠리온나무의 밤

회백색의 암석 물그릇 같은 곳에
기도를 두고 왔다

오래전 절박한 사람들의 흔적을 따라
물살은 발자국을 씻고
바위고사리는 물살이 깎아놓은 돌을 다 닦아놓았다

비가 내리지 않아도 물안개 피어오르는 곳에
색들의 치고받는 격전지를 막 통과한 듯
연두색 잎들이 요란하다

내 머리에 사뿐히 내려앉는 깃털처럼
스스로 부표여서 방향을 찾아가는 나뭇잎 하나

앉아서 종을 치던 사람처럼
물가 돌멩이들은 무릎을 꿇고
이만 번의 망치질을 견딘다, 안으로부터 두들겨나가

생김이 각기 다른 파농과 울림
물그릇이 엎어지도록 생생한 물의 튐

지상이 아닌 것 같은 습지에
갈매기들이 알을 낳아놓았다
오늘은
밀사초군락에 나의 모든 기도를 부려놓는다

풀 같지만 목질이 느껴지는
알이지만 근육이 느껴지는
녹초가 된 덩어리와 비탈에 매달린 아우성

피침형의 긴 타원을 이룬 잎들이
그사이 작은 연기처럼 이동하는 꽃가루들이
밤을 가로지른다

내 몸 어딘가의 이끼처럼
쇠한 노래들이 퍼져나가고

걸음의 대역을 쓰면 이 모든 것이 사라질까

물그림자를 흔들어
길게 드러누운 나무를 깨우면

눌러놓았던 손바닥 위로
검은 새들의 발자국이 떠오른다

II

알렉산드리아 도서관

교신을 끊으려 자신의 배를 태운 일이
도서관을 꺼뜨렸지요

불길은 부두를 삼키고
그리스 시집의 알렉산드리아 본을 만들던 연인들은
점성술을 익혔지요

되감기만 반복하는 먹구름처럼
책장의 간격은 좁고 음침하고
긴 사다리 끝에는 수학 천문학 물리학

책더미를 잃을 때마다
돌고 돌아 다시 처음의 문헌으로 모여들었지만
아무도 내색하지 않았어요

링 위에 뻗어버린 사자들처럼
밤은 양피지를 뒤집어쓴 채 잠들어요

원본을 빌려와 다 베끼곤

돌려줘야 할 영혼의 안식처

커다란 돌 하나에 수직으로 뻗은
실금은 무수한 뿌리라 적고
월계수 나무는 죽어도 변함이 없는 시라 말해요

여름밤 끙끙 앓는 이마를 짚곤
나의 대리자처럼 흐느끼는 나무

닳도록 읽고 잃어
폼페이 기둥처럼 고독하고 위태로운
음악가의 밤 산책자의 밤

견고한 새의 종교와
초사흘이면 물이 어둡다는 기록이 한데 있는
어둠의 구석 칸

오래된 관습처럼 누군가 길을 잃어요

꽃삽

원예학 전공자도 아닌데
망가뜨릴 화단도 없는데

꽃삽은 자꾸
길을 내라 속삭이고

녹슨 가드레일과
김이 폴폴 나는 도로 사이에는
무슨 연금술인지
꽃이 피었네

죽음 타령이 입에 붙어
미리보기로 보여준 건가,
불 꺼진 계단 저 끝까지 날았어도 부러진 데가 없다고
하여 조화로운 연금술

사망설이 아닌 것에 기뻐해야 하나 할 때
눈곱만 한 자주색은

꽃의 몸통으로 불어나
내 바른 뺨의 자주와는 비할 데 없이 황홀하고

친구가 사다 준 머그잔에
얼음을 가득 담아 얼굴에 대면
구토 없이도
잠시 장 콕도 박물관에 서 있는 것 같다

여름은
흙 묻은 버섯과 지하실을 열 때 나는
먼지의 향,

의족으로 뒤뚱대던 밤은
잘 익은 적포도 과육처럼 달콤하기만 한데

찢긴 어둠을 도로 꿰매어
검게 변한 줄기

아름답고 고통스럽고 때로

죽음을 잘못 낳은 몸을 한 삽 떠

주름이 잡힌
새의 발 모양을 그대로 덮어버린다

한 사람을 일으키는 일에 대해 생각했다

보나 차실에서 빙도를 마신 일이 좋았다

원난, 저 깊숙한 다산의 차나무에 닿으려면
바퀴가 푹푹 빠지는 여러 날을 지나
그러고도 한참

요가의 열두 자세를 새겨 넣은 찻잔을
빈약한 우주 속 등불로 삼는 사람

언젠가 산을 잃고
야트막한 언덕만 골라 걷던 일이
차나무들의 아득한 미래가 되었다

약속에 포함되지 않았으나
집으로 돌아가는 일,
뒤로 물러서는 나무가 갈증인 줄도 모른 채
낯선 이름을 끝내 고집하던 사람

다관에 물을 끼얹는다
실금과 실금 사이
미열이 유지되도록

아직 나는
호흡과 체위 사이에 끼어든
역 물구나무 자세에 상응하는 명상을 알지 못한다

잦은 환멸에서 떨어져 있을 것,
땅과 멀어질수록
고양이 자세를 취할 것

칼을 삼키는 사람처럼
사무치게 아름다운 것들만 우러나도록

자세를 잡는 일이 좋았다

작은 약그릇을 받쳐 들고

- 옥산사 마애약사여래좌상

연고도 없이 찾아간 장기리 지연 암벽에
소문으로만 듣던 그가 있다

가느다란 미소를 띠고
커다란 연꽃무늬 대좌에 앉아

언제부터 나를 기다렸나

잿빛 하늘과 이미 어둠이 내린 나무들 사이로
크게 깃을 치며 사라지는 것들

아무도 없는 곳
가장 높은 곳
그곳에 올라 가장 먼저 한 일은

손을 모으는 일도 기도도 아닌
쥐어짜듯 끌어올린 짐승의 소리

밤의 능선과 살이 터지는 꽃망울과
바닥에 뉜 바람과 잠결의 문장들을 이해하는
단 한 사람

나도 모르는 왼손에
가지런히 약사발 쥐여주고

오랫동안 그 앞에서 절을 하던 사람
제발 낫게 해달라고

당신을 가지게 해달라고

박물관에서 보이는 집

미안했다
박물관에서 보이는 집이어서

전시 끝난 주말에
생각지 못한 걸음처럼
집은 박물관의 야자수 하나를 겨우 담는데

하늘은 파랗고 바다는 닿을듯해서
여행객은 연신 사진을 찍어댄다

관람과 단체 여행 사이
전시장 유리마다
아이들의 작은 지문이 묻어 있다

검은 단체복을 입은 스태프들이
어디선가 나타나
마른 얼룩을 훔치지만

검은 것이 완벽한 벽일 수는 없듯
암묵적인 고요 속에서
침묵은 잦은 기침 소리를 낸다

전시실 맞은편 창으로는
잊힌 마을 하나가 펼쳐져 있다

아직 끝나지 않았는데
로비에는 벌써 떠나려는 사람들이 많다
무얼 보는지도 모르고 따라온
전세버스와 슬리퍼와 지루한 여름의 문장

미안했다 무료 관람이어서가 아니라
내가 그곳에 살고 있어서

잃어버린 마을과
절반의 풍경 사이에
여전히 구름과 죄의식이 흘러들어서

밤이 늦어서야 나는 산책을 한다
아무도 없는
불 꺼진 박물관을

그루후제[*]

그의 옷자락에선 어두컴컴한
축사의 냄새가 따라온다 바닥의 축축한 송아지도
구석구석 어둠을 핥는 긴 혓바닥도

오늘은 서리가 내린다는 상강이자 화요일

말 내장과 물고기가 나란히 진열된
타국의 도시를 지날 때 문득

이 밤을 건너면 나는 어떤 사람이 될까,
그런 생각을 하였다

따뜻한 남향집을 얻어
몽유와 불면을 저만치 밀어내고 싶어
전리품 없이 중재자 없이

---

[*] 그루후제: 그날 이후.

정신이 자거나 육체가 자거나
지친 나무 혹은 바람이 자거나

노역의 방식과 세금을 내는 방식은 달라도
시도 때도 없이 발견되는 작은 행낭 안에
새의 기척이 묻어 있다

무거워서가 아니라 비굴해서
한없는 당신은
때론 서럽고 때론 울었다 했다

수습할 수 없는 목록의
오랜 여행에서 돌아와
샤워기에서 따뜻한 물을 길게 맞을 때

내 목소리를 알아들었다는 듯
한꺼번에 몰려오는 다정한 밤의 짐승들

그루후제,

왜 지는 것과 패배는 다른가

살레* 안의 고기

비 그친 밤이면
농약을 먹고 집단 폐사한 동박새들이 날아들었다

창백한 입술로 창문을 두드리다
몸체만 한 그림자를 남기고 간 사람

그 사람의 엄마가 남긴
살레는 온통 녹슬고 축축한 것으로 가득한데

희디흰 귤꽃이 흐드러진 저녁
여러 겹의 미농지로 싸놓은 고기에서
배어 나오는 기름마냥 상한데 없이 흐르는 부엌

기르던 개들이 사라지고
저녁이면 누군가
이보오, 이보오, 울지도 않고 누군가를 찾는 소리

---

* 살레: 부엌 찬장을 일컫는 제주어.

이 집 마당에서 제일 오래된
팽나무의 그늘을 풀어
번번이 죽음에서 되돌아온 이의 노상이 될까

북쪽의 아침은 눈을 치우며 시작되고
남쪽의 아침은 바다를 걷으며 시작되니

한 근 끊어다 툭 얹은
내가 꿈속에서만 기른 개 한 마리

베어버린 나무의 결마다 스며든
아득한 사람의 체취

그날부터 나의 기도는 한 곳을 향했다

물에 뜨는 돌

표류기에나 나올 법한 배를 보고 오는 길이었다
온갖 희한한 보물들이 거리 좌판에 쏟아지고
햇빛은 녹슨 금화처럼 뒤척거렸다

참 이상도 하지,
마음이 뜨지 못하도록 들돌로 척추를 눌러놓았는데
곡진한 허기처럼 물에 뜨는 검은,

빠져나올 노래와 젖지 않는 책 한 권쯤 가졌어도
수영하는 법을 모르는 내가
미래의 어디까지 떠밀려갈 수 있을까

앞과 뒤 옆과 옆
그건 돌이킬 수 없는 조망이지, 리듬에 따르면
저글링에 능한 어둠조차 낮에는 안색을 바꾸니

사랑이라는 횡포를 생각한다
검은색은 고통을 감춰준다

믿기지 않는 우연을 멈추고
이제 푸른 눈의 당신도 기억에서 지운다

정오의 권태로움,

당신과 나라는 비밀투성이가 만나
그해 가장 가벼운 몸무게를 얻게 되었지만

만져보면 스스로 흘러넘치는
얼굴만 무성할 뿐이다

수영장

아침에만 사랑을 나누는 연인이
지배하는 희박한 여름의 빛

가본 적 없는 저지대에는
지문 없이도 모서리 선명한 기억

바닥을 거슬러 걷기엔 뒤늦은
설 수도 멈출 수도 없는 목요일의 구간
가쁜 노래를 머리끝까지 끌어올려
긴 휘슬로 완성되는 다이빙

물풀처럼 번지는 검은 머리칼
부러진 나뭇가지와 떠다니는 슬리퍼

약간의 저항에도 포말을 일으켜
기어이 물빛을 지우는
사랑, 그 존엄한 쓰레기

구름판을 벗어난 몸처럼
비튼 자세에서만 무한할 통증

연결되는 기후와 슬픈 기척 없이도
침실의 덧문을 열고 흘러드는
젖은 발자국과 이름 없는 부재

놓친 목덜미를 손으로 쥐면
가볍게 떠오를 푸른 바다

열대 정원에서 즉시 깊은 잠

빗소리를 머리맡에 켜요
장독대 위로 떨어지는 초여름 빗소리
오후의 행간이 편안한 저 소리 그리워
거꾸로 엎어놓은 장독대

고인 나뭇잎 넘치지 않을 정도로만 비가 내려
오 분 후 당신은 검은 화면으로 전환되며
잠이 들어요

오래된 나무집처럼 안부는 내려놓고
가슴 한구석 젬베*도 내려놓고
마주해도 좋을 저녁

당신에겐 무슨 일이 있었나요

방향을 따라 급물살 타던

---

* 젬베(Djembe): 서아프리카의 전통 북.

명치끝, 가시처럼 걸려 있는 안부들

오래전 알던 사람의 장례를 치러주고
비는 억수 같고 나무만이 그 사람처럼 울창하던

다리 사이를 우지끈 통과하던 기억으로부터
지금껏 나는 한 번도 자유로운 적 없네요
망고가 열리는 총량의 법칙 따위
어떤 방식으로 나와 연결인지 알 순 없지만

생각이 너무 많으면
젖은 앞마당을 끼고 살게 돼요

밤새, 망고나무 벤치를 두드리는 빗소리

레무르*

한때의 기억이 생의 전부인 이의 초대를 받았어요
진흙으로 구운 기타는 한목소리로 내는 겨울 같아요
나는 이해할 수 없는 첫 번째 기일이 되어
당신이 흘린 음악의 한 구절이 되어보아요

불을 끄고 기도하는 등 뒤로 흩뿌려진
꺼질 듯 탄식하는 것들로 이루어진 낮과 밤
만신창이가 된 말들을 끌어안아 시트에 눕힐 때

한 사람을 닮으면 신성이 되는 유일한 관계

불가능한 환상은 흰 비둘기로 출몰하고
설렘은 수시로 흉기가 되어 이제
어떤 말과 표정에도 속지 않아요

어제는 더없이 상냥한 그가

---

* 레무르(Lemur): 죽은 이의 혼령.

오늘은 차마 입에 담지 못할 욕설을 퍼부어요
때리고 나면 한없이 다정해지는 애인처럼
노래는 변치 않는 일들을 용서해요

검은 옷으로 위장하면
알아보지 못할 것들로 가득한
무엇을 보아도 웃음과 눈물이 없는 길 위를
오롯이 혼자 걸어요 앙상한 나무처럼 먼 미래의 흔적

밤이 겹쳐도 배웅은 끝까지 살아남아
손을 덮는 주름진 노래가 되어요
유리관 너머로 오만 번째 구름이 흘러가요
나를 눈치채지 못하고 돌아가요

다섯 계절의 습작

빛은 왼쪽 골격을 관통합니다

한낮에는 어울리지 않는 규칙들이
엎질러진 물처럼 발밑을 적실 때
차곡차곡 들어차는 불안과 어둠의 높이

낭독을 마친 그림들이 벽에 걸립니다

입술은 작은 호흡이 거대한 메아리로 돌아오는
저녁에 가깝습니다

낮과 밤이 엇갈리는 형식에는
정해진 화법이 없습니다 오른쪽을 모르는 비애로부터
푹신한 잠을 청하는 이도 있으니까요

좁은 통로로 검은 우산들 쏟아져 내려도
달리기하지 않는 새들은 괜찮습니다

뼛속까지 겨울에 닿아 본 노래는
반복되는 합창단원을 금세 알아봅니다

그림을 지켜보는 사람들은
거울을 보는 나와 닮았습니다

화가가 사라진 캔버스에는
납처럼 굳어가는 소녀가 있습니다

하얗게 밤이 짓무릅니다

오래전 당신 쪽으로
잃어버린 새와 검은 바탕의 모든 액자를
그리다 만 노래로 걸어둡니다

충분한 경건

세마 춤추는 사람을 본다

원형의 객석을 빼곡하게 채운 사람들은
어쩌다 이곳에 이르게 된 걸까

무성영화처럼
대사가 없어 완벽한 생의 기도문

텐누레를 입은 사람은
무대에도 객석에도 있다 어디서나
모자는 스스로 묘비가 될 준비를 마치고

하얗게 떨어지는 종소리와 함께
한자리에서 도는 시계방향은 시작된다

왼손은 아래로 말씀을 전하고
오른손은 오래전 페니키아 하늘에 핀 수레국화

고요와 수레 향이 빙글빙글 돌 때
비로소 발바닥은 살아 있다

너는 지나칠 수 없던 전생이고
새카만 눈썹 밑엔 다갈색 눈동자
켈틱 음악과 세마 춤은 어딘가에서 겹쳤었다

백 년 전 일을 되짚듯 능묘를 서성일 때
소금 한 주먹 뿌리고 구운 흰 도자기들처럼

새로 태어난 울음이 빠져나간다
시계추처럼 몸을 흔들며

돌의 비망록

싱싱한 민들레처럼 살아 있는 표지석 시나
붙들린 다리로 거기 온전한 야자수 지나

최소 텍사스나 하와이의 하늘
제주에 와서도 끝나지 않는 날씨

밤새 어둠 속을 직진한 바람
아침은 얌전히 석곽묘 아래 놓이고

오랜 착란의 방에 웅크린 책장을 넘기면
아직 이곳에 산다는 것이 믿기지 않아

네 손이 닿으면 뭐든 귀해져
주로 남겨진 자가 듣는 말

나쁜 기억으로만 가득한데도 집이라 부를 곳은
늘 필요하지

사철 방식으로 당신을 꿰어
내 옆에 정본인 채 오래 붙들어두어도

십자고사리 포자 양치류처럼
종이 냄새를 풍기며 당신은 흩어지지

나무 한 그루 수직으로 자라지 못하는
돌을 품은 뿌리처럼

알아?

너랑 재회한 지 십 분 만에 내 인생이 허구처럼 느껴져

날개와 뿌리

자라나는 것들에 손뼉을 칠 수만은 없는
일종의 고아원이라고 해둘게

자연 발아한 나무들, 묵직한 고요

어디에서 왔느냐고 묻기에
모래에 붙은 접착제 같은 목소리로 중얼거렸지

침묵이 부끄러워 노래를 불렀다고
그게 다인데 죄라고

슬픔을 기록하려 애쓰던 손으로
그림자에 갇힌 빛을... 잠시 나를 떠받친 노래로 꽃잎
훑듯...

어느새 아득한 미간이 되어버린 한 사람 너머
감람나무로 이어지는 어깨를 짚고 넘어

발을 헛디디거나 넘어질 때마다
숲은 어마어마한 감싸안음,
제 발로 일어서는 기적을 도맡은 것처럼

손뼉을 친다
온몸의 비늘을 떨구며
슬픈 영역 동물의 표정을 벗는 나무들

한 번의 걸음에 한 풍경이 맺혀 들어와
누가 볼세라 잠시 제 발을 핥곤 사라지는
사랑이 살린다는 말

내 속에 나도 모르는 고아가 자라나고 있다

흙에 숨을 불어넣으면

돋아나는 실뿌리
고양이의 겨드랑이털처럼 끝 모를 여기

수림(愁霖)

이제서야 네 이름 불러본다

숙대낭* 훤칠한 키만큼이나 성큼 내리닫던 걸음
 어두운 숲의 둘레를 읊조리던 시린 손, 아득한 통증으로 당신이 몰려온다

메아리는 기체도 나무도 아니어서 가둘 수 없는 말

붉게 상기된 뺨에 빗줄기 미리 긋듯
당신이 내 머리칼 뒤로 넘길 때

일순 격정의 한 계절이 폭우에 갇히고
시름시름 할 미래의 일을 알고도 모른 척 눈감아버렸지
그대는 아니라지만 나는 알아버린 기척

아직 이른 출근길 연화보살 집 앞이었지

---

* 숙대낭: 삼나무.

새시 문 벌컥 열리며 물벼락 맞은 일이

벌어질 앞일은 몰랐는지
어머, 죄송합니다 급히 문 닫히고
나는 젖은 발아래를 내려다보았어

발치에 놓인 푸른 수국의 표정으로
당신은 울었을까 황급히 지나친 운명의 뒤꿈치
어떤 계산으로 우리는 각자의 짐을 꾸렸는지

거문오름을 서성이던 그 지독한 우기(雨期)가
여기 도착이라는 말, 그러니까 오름은 가지 마
연화의 목소리 들은 듯도 한데

내가 본 것은 분명 위급한 사람의 눈빛
어두컴컴한 동굴 속으로 잠시 몸을 피한
가여운 밤의 짐승,
서둘러 한숨의 둘레는 북쪽으로 커지고

종유석에 무늬를 새기는 물의 긴 메아리
사랑의 치적을 덮는 아득한 빗줄기
당신은 기체도 나무도 아니어서

밤새 숲은 하염없이 불어나고

III

이블린 글레니*는 맨발

그녀는 어떻게 들을까
자신이 연주하는 마림바를

소리를 만지는 사람의 영역에선
아무런 소음도 나지 않고
아무도 편지 쓰지 않고

느릅나무 숲에서 계속
모르는 느릅나무를 열며
그녀는 오후 속을 걸어 들어간다

어두운 뿌리의 통로를 찾아 올올이 맺힌 흙
기름처럼 매끄럽고 반질한
검정을 빠져나갈 때

---

* 이블린 글레니(Dame Evelyn Elizabeth Ann Glennie, 1965년 7월 19일 ~): 소리를 듣지 못하는 사람이 들려주는 세계에서 가장 정교하고 아름다운 타악기 연주자.

소리의 반대편엔 누가 서 있나

숲을 걷는 내내
물구덩이엔 저마다의 작은 반대편

문지르면 거품이 일 것 같은 점도로만
감정이 진행된다

거꾸로 팔을 흔드는 나무들과
젖은 채로 맴도는 잎사귀들

녹슨 영광은 노래의 지명을
어디까지 수배하나

그림자가 판석 아래 무릎 꿇을 때
기억은 기껏 마른침을 묻혀가며 한자씩
전례문을 써 내려간다

머랭 과자를 집어 든
소리의 반대는 침묵일까 죽음일까

혼자 남은 숲에서

거대한 마림바의 진동이
온몸을 훑고 지나간다

조니 미첼

조니라고 부르면 다음 생이 돌아보는 것 같다

어깨너머로 산수국 같은 날들이 만발할 것 같다

블루, 파랑 아니고 블루

들판의 작은 꽃들을 다 만지고 건너온 손이

베레모를 쓰고 기타 줄을 튕기는

오늘의 습도는 여름

바람의 음역이 된다고 바람을 이해하는 건 아니라고

젖은 이마를 말리며 수없이 깨쳤지

가슴팍은 온통 검게 피멍이 들었어도

너라면 병째 마실 수 있어 너라면*

물고기 비늘처럼 가화들 한데 뭉쳐

붉은색 덩어리로 핀 내 심장의 토양은 알칼리성

멈추지 않는 지느러미에

안녕이라는 짧고 긴 리듬을 입히면

바뀐 기타를 잡고서도 계속 노래하는 물고기가 되지

팔딱이는 당신의 이름을 짚으며

---

* 너라면 병째 마실 수 있어 너라면: 조니 미첼의 노래 〈A Case Of You〉 중에서.

작은 언덕의 꽃들이 번져가네

뜨거운 입김이 내 귀와 목덜미를 관통하네

조니, 당신의 블루를 훔치려고

간신히 저녁을 기어오를 때

병째로 취한 여름이 오고 있네

감각 대 기량

밤에는 왜 손톱을 자르면 안 되는 걸까요

앤틱 가게를 전전하다 찾아낸
사파이어 박힌 뱀 가죽 재킷
돌려 입었을 것이 분명한 계절이지만
드럼을 친 후엔 비가 멎겠죠

거울은 왜 천으로 가리면 안 되는 걸까요

양재사가 밤새 지은
녹색의 술로 가슴께가 장식된 실크 드레스
누군가 여행을 떠난 직후엔
비질해야 한다고

이제, 시작하죠
광대뼈에 반짝이를 바르고
출간한 자서전에

친애하는 마크*로부터, 문구를 새겨요

토요일에는 뱀 가죽 대신 물소 가죽을!

불에 잘 타지 않는 우리의 신앙에
얼마나 많은 미신이 깃들어 있나요

올라타요, 코르크 굽을 덧댄 부츠 위로

아직도 테이블 너머로
술잔이 날아가고 의자가 날아가고
아아, 당신의 극적인 페르소나가
우울증 없이도 옮아가요

"우리는 모두 침대에 앉아 싸구려 기타로 블루스곡들과
함께 마크 볼란의 노래를 부르곤 했지."

---

* 마크 볼란: 1967년 결성된 영국의 글램록 밴드, 티.렉스(T. Rex).

이렇게 메탈릭 그루를 소환하는 형식

퍼커션과 봉고만으로도
기꺼이 시작되는 신화가 있죠

인기척에 가까운

바람은 은목서에 한 번, 돌담 그늘에 한 번
중심 잃은 마음에서 한 번

귀때기 후려쳐 퍼렇게 흘러드는 것은 바다
정확한 만듦새 없이 이어지는 절망이라니
여기서는 아무도
끝을 보지 못한다 아무런 저녁을

빚다 만 도자기와
힘 조절에 한껏 실패한 물레가 나란히
서로의 흙 묻은 손을 주무르며
굳기 전에 물가로 가자, 가자

분명 아는 집 가마에서 구운 것인데
흙냄새도 빵 냄새도 아닌
축축한 이별의 냄새가 난다 분갈이 갓 한
얼굴의 농도, 밤의 화단에 쏟아낸 우주라니

실지렁이들을 나무뿌리마다 까놓고 간 궁창
지나치게 차가웠던 흰 손의 감촉

밤에는 이목구비를 지우는 석물처럼
극단의 아침으로 졸음이 몰려온다

얼음을 가득 실은 기타에 실려
오직 자연에 대해서만 쓰겠다고

야생이면서 온전히 야생이 아닌 흔들림
불 꺼진 나무 앞에서
끝났습니까 끝났습니까 자꾸 되뇌는

음악이라는 낌새는
익숙한 돌풍을 예보한다

기적의 일부

 당신의 정원입니까 우리의 정원입니다 폴리네시아에서 시작된 파도입니다 서핑입니다 서퍼입니다 타히티의 보라보라섬에서 바다의 진짜 주인을 만나러 건너온 낮입니다 아득한 소리, 태양의 파동, 큰 파도로 몰려오는 정원, 망고를 먹을 줄 아십니까 진짜입니까 칼끝이 씨끝에 닿을 때까지 세로였다가 숟가락이 절반을 통과하면 완전한 두 개의 세계가 됩니다 그 절반에 다시 여러 개의 칼금을 긋고 뒤집으면 최소 열두 개의 망고, 노랗게 익은 오후에는 잃었다는 느낌이 없습니다 망고를 먹을 줄 모르는 사람에게는 어떤 일이 벌어질까요 도저히 연주할 수 없는 피아노가 나무 아래 있고 부서진 오후가 아련한 카혼 소리와 함께 물에 잠긴다면 한참 후 떠오를 리넨 셔츠는 달콤할 겁니다 지금은 물려받은 숨소리를 주고받지만 백 번째 여름쯤엔 젖은 자작나무 가지로 등을 두드리곤 얼굴은 외면할 겁니다 온통 아픈 이들이 다녀간 성당은 예서 멀지 않고 첫 성찬식을 치른 나의 기적은 아홉 살에 있었습니다 바다는 피난처와 같은 말 원주민은 바다라는 요새를 돌려쓰는 사람들 거석이 놓인 곳에서 하늘은 자주 조각나 망고는 언제 사라지는지도 모릅니다 어쨌든 우리는 해변에서도 언덕에서도 계속 걷습니다 참고로, 런던에는 바다가 없습니다

빌리지 뱅가드에서의 일요일

한 송이가 아니라 한 다발이라 했다
구절초든 쑥부쟁이든

지천으로 널린 무릎을 베면 나는
세밀화를 그리는 화가

여기저기 기운 흔적이 있는 푸른 옷의 소녀가
오전 열 시를 지나갔다

얼룩무늬가 새겨진 당신을
신경 쓰지 않는 유일한 부족은 마사이족

보란 듯이 함께였던 곳에
모자를 날리고 왔다

한 다발의 노란 태양,

멀리서 보면 이 언덕은 온통

연보랏빛으로 멍든 얼굴뿐이다

이곳이 어디냐고
두 번은 묻지 않겠다고

블록 코드를 연주하는 동시에
정교회의 음악을 사랑했고

합창의 전통이 살아 있는
한 송이 꽃이면서 동시에 한 다발인

향을 마디마디 엮으면
좀 더 사랑스러운 소음이 될까

현을 지탱하는 우울이
더 먼 일요일로 꽃을 보냈다

제주소년블루스[*]

너에게 닥친 모든 일은 영원의 저편으로부터 이미 준비되어 있었다.

— 마르쿠스 아우렐리우스

까탈스러운 귀를 재우러 가는 길이었다
모두가 여름을 향해 가는 그때
『잊힌 여름』이라는 제목의 책을 내밀던 주인장

그날로 꼬박 사나흘 교정을 보고
다시, 잊힌 여름의 후일담과 장자와 나비

소리라 할 수 있는 것들이
질서정연하게 각자의 자리를 찾아갈 때
탄노이 윌슨 맥킨 마란츠
이름만으로 찬란한 스피커 뒤편

엘피판을 기웃거렸지 여름이니까 겨울을 듣자

---

[*] 제주소년블루스: 故 김형주 소설가가 글을 쓰고 음악을 만지던 공간.

듀크 조던의 Flight To Denmark[**]
비가 내리면 내리는 대로
앞당겨 겨울을 듣자 수염이 덥수룩한
소설가의 선물이라 생각할게

그러다 더 줄 게 있다는 듯
다시 돌아온 잊힌 여름

시간의 주름 속을 말끔히 건너온 듯
접힌 책장 간데없고
당분간 콧수염은 손대지 않으리라 말하는 이의
흰 지문이 내 손과 겹치네

데크를 밤새 두들기던
어느 날의 빗소리와 청량한 악기들
톺아보니 이미 준비된 양

[**] Duke Jordan: 〈Flight To Denmark〉(1973, SteepleChase).

시간에 취한 순서대로
조촐한 마중을 한 사람

그곳의 여름은 그대로일까
닿을 수 없는 블루스처럼
제주소년블루스

밤수지맨드라미[*]

새 한 마리와 술 한 병을 부탁해

아무도 듣지 않는 캄보디아 록을 틀어놓고
여름은 누구나 환대하기 좋은 계절이라고 말해

차를 다 마시면 찻잔을 흔들어
인사의 마무리는 중요하니까

달걀흰자로 칠을 마감한 벽은
산호를 쌓은 후 흙을 이겨 바른, 가장 마지막 예절이야

뜨거운 박수 소리가 준비도 없이 함부로
벽에 와서 부딪히면 곤란하니까, 천장은 다행히 전나무보다 높아서
영하의 기억을 밤이고 낮이고 가질 수 있다니까

---

[*] 밤수지맨드라미: 제주에 서식하는 산호이면서, 우도에 있는 책방 이름.

왼손으론 차를 따르고 오른손으론 손님맞이를
너의 공간과 나의 바다에 약간의 단차를 두어
어제는 시간 가는 줄 모르던 바다
오늘은 시간만 남은 바다를 바라봐

진흙과 산호,
누가 마감재로 이런 것을 생각해 봤겠어
묶거나 속는 일, 묻거나 속는 일
섬 속의 섬을 펼쳐보면 우도의 긴 밤을 목격하는 책방이

봄에 사라졌다가 봄에 나타나는 일
봄에 사라졌다가 영영 봄이 되는 일

너와 이별하고 이곳에 와서 알았어

외로운 섬이어서 비로소 우리가 여기에 있다고

바다의 긴 등을 훑고 나오는 등댓불 아래
우리가 모르는 산호로만 이루어진 사막

맨드라미는 조금 붉어졌을까

루프 스테이션[*]

감정의 격발이 시작된 곳에
새의 깃털과 부러진 나뭇가지가 놓여 있다
터질 것과 티뜨려야 할 것
입안 가득한 레드 커런트 열매

애써 바닥은 희지만, 가장자리 물때는 어쩔 수 없어
약간의 뒤뚱거림과 균형 잡기를 동반한 빈혈은
머그잔을 들었다 놓는 순간에도
저 혼자 익사를 즐기는 파문

말의 꼬리를 잘라 현을 조인 마두금에는
얼음이 얼었던 밤이 그대로 멈춰 있다

죽음의 기형처럼 구부릴 수 없는 손가락이 올 때
한 달에 한두 번 복통을 일으키는 노래와
눈 다발처럼 덧칠에 속도를 더하는 편자들

---

[*] 루프 스테이션(Loop station): 목소리를 쌓는 기계.

남은 가죽에 나무 수액을 바르면
말은 죽어서도 팽팽하고
달고 시고 씁쓸한 것들이 하나의 성대로 몰려온다

언 몸을 녹이려 술을 마셨을 뿐인데
복숭앗빛 콧수염 옆자리거나
사소한 반항처럼 옛 애인의 침대에서 눈 뜬 일

악행과 다행 속에 출몰하는 불행은
녹음된 구간 위로 소환되고
터질 것과 터뜨려야 할 것에선 붉은 즙이 번진다

레드 커런트에 비브라토를 얹으면
약간의 음 이탈에도 진저리치는 열매가 되살아나고
애써 지나온 야생과 눈송이의 텅 빈 심장부

겨울이 끝나도
어떤 목소리는 지치지 않고 쌓이기만 한다

협연의 방식

몬세라트 카바예와 프레디 머큐리
라흐마니노프와 에릭 카르멘

누군가를 너무 좋아하면 닮아가는 노래는
정확히 푸른 빛을 띠는 치즈, 원산지를 붉게 지우는 포도주

듀엣으로 남은 음반을 들으며
다른 차원의 음계로 넘어간 사람과
약간의 저작권료를 지불하고 동거하는 봄

뭐든 완벽하길 바랐지 그러나
나뭇잎 하나도 완벽할 수 없어
자연은
이탈이 잦은 노래만 불러 젖혔지

가쁜 호흡을 따라갈 수 없어
내가 놓아버린 것들, 빛에 지쳐버린 것들

수두룩한 어둠의 목록을 긋고 지우고
노래를 발견할 때마다
불쑥 말끝을 흐리던 한 사람

당신은 자주 사라지는 것 같아요,

전속력으로 무성해지도록
물리도록 밤의 목록을 작성하는 일
그것을
리허설이라 불러도 될까요

음악

  세숫물 받아 든 손에 갑자기 늘이친 빛, 그새처럼 놀라 손 가만히 멈춘 정오다 연락도 끊고 창이란 창은 모두 없앴는데 왜 나를 찾아왔니 세면대 아래 곰팡이를 나누는 심정으로 너의 불우를 기원할 거야 사도 바울의 정의를 따를지라도 사랑과 미래는 충분히 다르다 시작된 노래의 970hPa[*] 지점, 태풍을 직감해도 예보는 늘 우리를 벗어나는 것처럼 땅속의 수증기로 나무는 겨울을 살고 발가벗은 끝내 당신과 나, 하얗게 말이 없지 서로의 안녕을 빌어주던, 끝내 물이 가둬져 빠지지 않는 한 덩이 빛처럼 어딘가에 우리는 고여 있다 한번 들어가면 영원히 나오지 않는 귓속말처럼 나는 당신을 잊을 거예요 팻 메시니^{**}의 기타도 불어터진 귀도 잠글게요 흘러내리는 거품 속 뒤엉킨 머리카락 몇 올을 주워 든다 손을 뒤로 감추면 빛이 사라지는 조그만 홀에 흘러드는 흰 감정, 손을 모으다 말고 모으다 말고 한없이 이어지는 당신을 감당하겠다고, 쏟아진다

---

* hPa(헥토파스칼) : 기압의 단위.
** Pat Metheny: 미국의 재즈 작곡가, 기타리스트.

IV

탕헤르, 종달리

우리가 어떤 세상에서 만나 완벽해진다면

매일 노력하고 망설이고
애써 가사를 다 외울 필요도 없을 텐데

유칼립투스 나무를 갉아 먹는 흰개미들이 많아서
속이 빈 나무가 늘어가는 것은 아닐 테지
닿을 수 없는 목적지여서
대서양과 지중해가 만나는 모로코를 생각해

  나는 따뜻한 곳이 좋아, 그곳의 라탄 가구가 좋아, 고무나무가 좋아

  일회용 식기를 쓸 때마다 죄책감을 느끼면서도
  나는 깨끗한 곳이 좋아, 침대보가 매일 바뀌는, 휴양지였으면 좋겠어
  다음에 또 보러 올게요, 약속도 용서도 제한 없는

어쩌다 마음에도 없는 펀치를 나셨어
남자가 진토닉을 들고 연분홍빛 오늘을 얘기할 때
공공장소에서 술을 마실 수 없었던 여자는 억울한 과거야

어제는 잘린 삼나무들 때문에 울었고
오늘은 아기 무덤으로 가득한 곳에 앉아 바다를 봤어
비둘기 똥으로 가죽을 염색하는 모로코의 장인과
테왁에 의지해 물질하는 해녀와

오래된 돌담집이 좋아요, 팽나무가 있는 카페
바다를 독차지한 카페, 의자가 난무하고 자연이 넘쳐나는 카페, 또 카페
말을 타보고 싶어, 교관 없이 외승을 해보고 싶어
말의 발바닥에 모래를 가득 묻히고 싶어, 침을 닦아주고 싶어

신선한 그릭요거트를 떠먹는 이곳에서

나는 매일 어디를 살다 온 것일까

탕헤르, 종달리
기껏 탈출하고 싶어서
가진 것을 모두 바꾸고 파헤친 일

용서를 할 수도 받을 수도 없는
이상한 곳에 머물며 좋아하고 걱정했지

넘치지 않는 제안과 수락을 고민하며

개나리 가지에 얼마나 많은 개미들이 사는지

뿌리와 뿌리 사이 호미로 흙을 털어내듯
비와 비 사이 털어낼 것이 있는
우리는 서로 죄악에 가깝습니다

지금은 없는 등대지기
마지막 등대지기는 누군가의 연인이었다 들었습니다
커다란 암종이 밤이면 더욱 깊어
굵은 뱃고동 소리 꺼내지 못하고 끝내
제 몸 안에 좌초되던

날콩처럼 비릿한
바다의 벗은 몸을 들어보았다면 그건 내가 모르는 귀
물과 소년과 기억 사이에
귀가를 모르는 귀

거대한 파도를 몰고 오면서도 시름시름 앓는
이마를 닦느라 아침에 흘린 피를
뒤늦게 수거해가는 저녁

죽어서 곧장 활어회가 되는 고등어의 푸른 미래처럼
어제의 사랑은 곧장 오늘의 과오로 뒤척입니다

퍼붓는 비와 어둠 사이에 발견된
개나리 가지 하나를 줍습니다
식탁을 예쁘게 장식하려고요

화병 안에 떠 있는 몇 구의 사체와
바다와 적도의 끝인 양 식탁을 횡단하는 개미를 보며
내가 모르는 것들이 무엇인지
감당이 되질 않습니다

언제부터 컴컴한 구멍들이 거기에 살았는지

불모지

그는 멀지 않은 곳에 살았지만 알려줄 수는 없다고 했다
친절했지만 곱씹을수록 독버섯 같은 말이었다

봄이면 두릅나무 아래 씨가 말라가는 두릅처럼
공용화단에 심어놓은 알로에를 모두 도난당했다

때론 변명을 듣지 않고도 이해되는 밤이 있어
피가 돌지 않는 시린 손마디 마디를
꾹꾹 눌러보았다

거울을 통해 목도되는 한밤의 잠꼬대는
금 간 열두 개의 얼굴로 흘러나왔다
부작용은 개인차가 있으므로 사라진 것은 아니었다

작년에 새를 묻은 곳이 가까웠다
나무랄 데 없는 날씨처럼 네가 다녀갔다
문득 죽음이 비옥해지고 흙처럼 새카만 질문들이
지속되면 이곳을 사랑할 수도 있겠다

지켜내야 할 곳이 너무 많아서
자고 나면 생기는 새로운 악지(惡地)가 너무 많아서

모든 걸 다 알려줄 수가 없다고 했다

장기 입원자

아티초크라는 식물은 정말 신기하기 이를 데 없더군요
어떤 날 봉오리에선 사람처럼 눈물이 맺히기도 한데요

어릴 때 집시가 뚫어 준 귀에 귀걸이 대신 휘파람을 걸어요
식물 단체연맹 식물원 가든파티 뭐든

음악가와 몽상가가 뿔뿔이 흩어지면
혼자 전철을 타고 버스를 타요
작은 상회를 돌면 여지없이 울담 밑 수선화

겨울이 예정된 겨울을 증명하면
안락한 봄에 승차할 수 있을까요 기다리면
더 오래 기다린 것들이 도착하나요

마음이 조급한 내가 늘 질 수밖에 없는 일이에요
잠시의 침묵도 견디지 못하는 내가 떠드는 일이에요

벌이가 되는 일을 하려고

시든 꽃을 뽑은 자리에 로메인을 심었어요
둘 다 파기되긴 마찬가지지만

아름다움의 쓸모로 치환된 식물원
내가 가진 작은 화분으론
당신은 견딜 수 없어요

잠시 내 옆에 머물다 다시 먼 곳으로 떠나버리는
여행자예요 돌아보면 언제나 당신은 자리를 뜨고

릴레이하듯 하루에도 몇 병씩 맞는 수액이
거대한 손등을 빚어내네요
아직도 당신은 깰 수 없는 꿈을 꾸느라
미뤄둔 여행지들을 받아 적느라

어쩌죠
해가 질 녘까진 함께여도

돌아가야 할 집이 제겐 있어요

돼지들

누군가 뒷마당이 놀고 있다 충고한다면
채소밭이 필요할 때 채소를 심을 거라 말할 겁니다

처음 부추가 올라오는 데 엿새가 걸렸고
엿새면 한세상이 완성되는데 충분하다고

태어난 돼지들이 쉴 새 없이 꿈을 갈아치울 때
이불처럼 잠과 잠 사이를 덮는 건초들

밤새 목젖에 붙어 떨어지지 않는 기침 소리

까마귀들이 짙푸른 새벽을 열면
 아일랜드의 바람은 이시돌목장에 순순히 방목되었습니다

어떤 연유로 테쉬폰* 한 채 이곳에 생겨났는지

---

* 테쉬폰: 故 임피제 신부가 제주 성이시돌목장 안에 건축한 삼안식 주택.

지구 반대편에서는 야크 떼와 낙타가 여전히 유목을 이끌고

봄이라는 고독한 습성은
피가 멎을 새도 없이 전진하는 고집인지

어떻게 돌아왔는지 묻는다면
목동들은 본래 휘파람을 가지고 태어났다고 말할 겁니다

노래는 종종 뙤약볕 아래 커피콩을 따고
몸에서 흙내가 가시지 않는 벽돌공 소년의 저녁으로 건너와
들판은 온통 검은 고사리밭이라고

잊었던 생의 일요일들이 짐짓 몰려와
꿈에서 사막으로 꿈에서 다시 시작된 노래의 연대가
지금 여기에 있다고 말할 겁니다

각자의 이유로 우리는 이곳에 있고
끝내 만나게 될 사람처럼 아침을 맞게 되네요

슬픔은 잡식성이어서 작고 천진한 번식력을 앞세워
우리마다 가득한 우리

캄캄한 금오름 등성이를 다독이며
수만 번이나 홀로인
어미돼지의 등을 두드리는 축사의 밤

당신은 홀연 사라져
하찮은 약속처럼 모든 것이 잊힐 때쯤

돼지들, 푸른 휘파람을 몰고 옵니다

캐서린 존슨[*] 계산연구소

배후가 되어본 사람은 알 거예요

앉지도 못하고 서서 먹던
누군가 깊이 잠이 들어야 가능했던 식사를요

밤의 궤도와 아폴로 달 착륙선과
울음에서 기도까지의 발사 및 비상 반환 경로가 포함된

아직은 푸른 독이 오른 숯의 시간
푸시시 얼굴을 꺼뜨릴
화력이 다른 연료를 골몰해요

우유병이 엎질러진
나의 식탁에 차려진 노래들을 보세요

항아리에 입항하는 말간 찹쌀처럼

---

* 캐서린 존슨: 수학자.

증류를 향해 끓어오르는 불의 최후는 투명하죠

목수에서 목사가 되는 서사에도
나무는 아직 식탁의 근거로 충분치 않고요
탄화된 채로 진흙 내를 풍기는 보그^{**}의 영혼들

하루에 일 년을 다 보는 연구소에선
무지개와 백야가 변덕으로 나란하고

여전히 답은
내가 있지도 않았던 해의 여름과 겨울에만 있군요

구멍을 다 맞춘 연탄 위에서
졸아드는 찌개처럼
기근을 벗어나지 못한 태생들은 뭐든
직접 만질 수 있는 덩어리를 좋아해요

** 보그: 습지. 척박한 땅.

의자 다리에 가문의 인장처럼 눌어붙은
노래를 떼려다
착오로 날아가 버린 스톤헨지

지진을 감지하는 개미들의 대이동과
비상 반환 경로가 포함된 기도문과
감정의 소수점까지 고려된 노래들이 어질러진

당신이 없는 식탁에서
밤새 나는 계산기를 두들기고

이 복도를 오가는 하인들을 생각해보세요

호화로운 오천 개의 창문을 지나
권력의 상징인 밤의 도서관을 지나
오르간이 여섯 대나 놓인 최초의 성당을 떠올려보세요

늦도록 문밖으로 불빛이 새어 나가고
편종 지기를 물려받은 편종 지기의 아들은
첨탑에 매달린 두 개의 거대한 종이 어긋나는 일을
대책 없이 즐기고 있지요

모아이 석상은 왜 바다를 등지고 서 있을까요
왜 세상의 모든 모아이는 바다를 등지고 있는 걸까요
이런 질문은 모아이 밖에서만 떠돌고

음향 증폭기 없이도 전설은 날개를 달고
비가 내리면 밭에 물은 안 줘도 되는 때마침의 일들을
기다리며
안개가 사라지고 나서도 끝까지 자세를 유지하는
무지개를 말해볼까요

열매를 따는 것은 나무를 살리는 일일까, 괴롭히는 일일까
사람들이 열매를 밤새워 고민하는 일은
저 휘황한 빛으로 둘러싸인 한 개의 창문보다
못한 일일까요

그래서 마침내 우정을 상징하는 코코넛
가장 맛있는 가슴부위 생선이 즐비한 도서관

대서양의 자소서들이 머잖아 공동묘지에 가닿고
이삼 일만 지나도 노래가 바뀌는 오르간을 상상해봐요

모래 한 올 한 올을 문지르는 것 같은 조심으로
흔적 없이 피정에 든 그 많던 하인들
얼룩 범벅인 카펫이 떠올려질 때마다
은총이 생생한 어제의 긴 복도를 읽어보세요

은밀한 생

초콜릿 속의 암흑은 달콤하다
암호를 굽는 여자애가 발끝을 들어 나르는 방

검은 막사에 꽂힌 깃대처럼
눈을 할퀸 열매가 뱉어놓은 전쟁의 획득물

너무 오래 주저하지 마, 녹아내리는 밀처럼
씹는 순간 돌이킬 수 없는 밤

설탕과 바닐라만으로 설계되는
백 개의 조각을 내어도 계속 이어지는
질 나쁜 아몬드의 비명

눈에 구겨진 어둠은
돌아누운 축생의 잠처럼 눅눅하고

노래를 제조하는 공장에서만
밀서로 포장되는 고독한 덩어리

내 어둠이 작아 보이는 곳은
여기뿐이니까요
살갗 아래 피톨처럼 다정하게 굳어

쓴맛을 알아채기엔 무감하고
태초의 밤에서는 너무 멀어진

파도 위에서 패들링

원하면 세상은 작아져

걷고 또 걸으면 지저귀는 정령들을 믿게 된다

소다를 끓이고 물을 끓여 바틱을 하는 여자들이
새 시장을 향해 걸어가는 습성

오전 열 시에 새는 가장 크게 운다

과열된 소음이 쏟아지는 시간
손이 발이 되도록 페달을 밟는 사람들로 가득한

폭탄에 가까운 사무실에 너는
엉거주춤한 포즈로 떠 있다

큰 파도가 덮쳐오면 왼쪽의 야자나무를 봐

확인하는 밑을 보면 미미한 안도가 온다

파도를 기다리는 서퍼에게는 샤카˚를
성난 바다에 대고는 잠시만을

호두 파이를 먹으면 부풀어 오르는
입술은 왜 호두의 속껍질을 뱉지 못하니

다음엔 잘할게요, 를 쏟아내며
녹는 파라핀처럼 물의 무늬가 굳어간다

잔뜩 젖은 머리카락을 털고
겨드랑이에 보드를 끼고 나설 때

발밑 흰물떼새알을 조심해요

파도는 새의 목청만큼 뜨겁거나 잠잠해져

오전 열 시에 나는

---

* 샤카: 서퍼들의 인사법.

르 코르동 블루*에는 없는

 완벽한 마요네즈가 있는 요리책, 케이지에서 방금 탈출한 고양이, 침대를 벗어난 발, 키를 넘는 불행, 다정한 사람들은 확신을 주지 않고 확신에 찬 사람들은 다정함이 없지 그런데 뭐가 문제야, 라는 질문은 유통기한이 없고 내가 아는 사람들로 시작되는 오답들은 세계 각국의 만두 레시피만큼 다양하지, 뭐든 잘 풀리는 날엔 예외 없이 배가 부르고 고양이는 멀찍이 엎드려 있지, 요리에도 기쁨이 필요하고 나는 웃음과 주정이 필요해 버터에 구운 가지 살에 보라색이 터질 때까지 가지를 볶고 피아노처럼 요리도 연습이 필요해 수란을 터뜨리면 입안 가득 치즈 향이 가득 양파를 썰 때는 손목에 힘을 빼고 울지 않으려 애쓰지 살아 있는 것을 펄펄 끓는 물에 넣기가 찜찜하다면 뚜껑을 덮어봐 어쨌든 나는 저녁이 되기도 전에 물기 빠진 물고기처럼 바싹 구워지겠지 오늘과 내일을 뒤적거릴 뒤집개가 필요해 나무 주걱으로 흰자와 노른자를 구분하고 물에 둥둥 뜬 레시피를 구원해줘 올리

---

* 르 코르동 블루: 프랑스의 요리학교.

브 오일에 월계수 잎과 마늘을 다져놓고 가리비를 굽는 시간, 가리비껍데기를 들어 호로록 뜨거운 오일을 마시자 배가 따뜻해지는 지금, 사실은 계량스푼을 쓰지 않고 눈대중으로 요리하는 꿈을 오래 꾸었지, 브리치즈와 와인 오래된 팝송, 송아지 고기와 버섯을 종이에 감싼 어떤 식욕에 대해서도

여태 벽돌 한 장 못 올린 건축가에게

당신이 그랬죠,
나무는 바람에 팽창하고 닳아버리지만, 철은 완벽하다고요
모자를 놓는 곳이 곧 내 집,
식탁 앞에서는 일어설 줄 알아야 한다는 니나 시몬의 말을 어찌 잊겠어요
눈물로 끝나지 않는 것은 없다는 잭 케루악의 말을 빌려
프루스트는 빠져나가는 가장 빠른 방법은 통과하는 것이라고 했지요
망치를 들고 약품 창고 문을 부수는 나이팅게일처럼
전쟁 안에 있다면 못 할 것도 없는 일
다 잃어버린 후에도
쉬이 자리를 뜨지 못하는 끄나풀, 먼지, 깃털…
나뭇잎 사이를 떠도는 단순한 빛이
이럴 땐 세계를 어루만지는 손 같고
동그라미를 연속으로 그리다가 눈동자를 새겨넣어
폭설이 생기고 돌풍이 생기고 세계 모든 여자애의 이름을 붙여

무심코 파멸이라 돌려 읽는 것이 오랜 일과죠
죽은 화가를 완성해주는 목가적인 빗줄기,
그 평온한 풍경에 속아 지난 것은 아름답다 덮어씌우지 마세요
한 번도 울어본 적 없는 사람을 울리기 위해
이번에도 우린 충분히 캐럴을 불렀고
슬픔을 휘젓던 손으로 수프를 끓여
허다한 밤에 온기를 흘려 넣어주었죠
슬픔은 유예되는 것이라서 언젠가는 눈물을 흘리게 되어 있다고
나무가 있는 것과 나무를 겪는 것은 다른 차원이어서
사실 알고 보면 특별할 것도 없는 집이라고
당신이 그랬죠

뿔소라 사원

볕이 들지 않는 날은 식물 등을 켜고
잎과 잎 사이 바람이 들도록
선풍기를 틀어놓는다

폭우가 쏟아지면
냉장고에 통째로 얼려놓은 소라를 꺼내
언제 도착할지 모를 사람을 기다린다

깊은 물에 들어가는 사람이든
얕은 물에 들어가는 사람이든
부재의 기나긴 심연으로 잠수하는 사람들은

단순한 동작을 되풀이한다

가위질 한 번에 두 개의 꽃
다이빙 한 번에 두 번의 세계

아무도 동작을 멈추지 않는다

해안가에서 불어온 모래가
유적을 덮고 있다

루앙프라방에는 아직도
폭탄을 제기로 쓰는 사원이 있고

화산재 아래에서 발견되는
원형극장이 있다

껍질의 안쪽은 오로라 빛
무늬는 깨어나는 숲의 발자국

가위 끝처럼 뾰족한 세계를 모시고
붉은 피와 푸른 진액을 한데 모은
빈 사원에

젖은 풀 냄새가 난다

조용한 반역은 어떻습니까

아침은 끝없는 폭설에 갇혀
꽃에 인공조명을 부어주는 너에게 날씨를 물었어

차에 시동을 걸까,

검게 변해버린 추도식이 생각나
병든 비둘기를 돌보던 오후가 생각나

머리가 아파진다는 네게서 멀찍이 치워버린 꽃들이
아직 내 손끝에서 지지 않아

브룬펠시아 재스민,
존재의 거처를 조용히 지키다 어느 날
모든 향을 소진하고 만 일,

살라고 사람을 보내주었던 일

그 알 수 없는 배치에 이리저리 여백을 놓고

걷다가도 숨을 몰아쉬고 뛰면서도 숨을 참고

이토록 구현할 수 있나요

사랑의 섬광이면서 섬망인
그림자라는 혁명이면서 빛의 오독인

어리석음인지 무모함인지 모를 이 삶의 기류를
지독한 온실이라 불러야 할까

종종 자주색보다
어두운 팥죽색이 마음에 듭니다만

더 이상 추위가 필요하지 않은데도
짓무른 식물의 밤이
나를 견딜 수 없게 합니다

해설

양의성의 세계와
키메라적인 것

장이지(시인)

1

고주희는 이곳에서 멀리 떨어진 곳에 있다. 그곳은 미지의 세계로 남아 있다. 그곳은 우리가 아는 흔한 '시골'이 아니다. 어떤 의미에서 그곳은 외국이다. 어떤 의미에서 고주희는 외국이다. 우리가 잘 알지 못하는 기화요초(琪花瑤草)가 자란다. 고주희는 초목 옆에 있다. 초목과 이야기하고, 눈을 맞춘다. 초목은 번성한다. 나무들이 자라 울창해진다. 덩굴이 거목을 감아 죽이고 작은 나무들의 키가 점점 자란다. 고주희는 숲속에 있다. 비밀의 숲이다. 숲이 고주희를 숨겨준다. 그러나 그렇지 않다. 고주희는 숲이기도 한 것이다. 그것이 바로 언어다. 그것이 바로 이 시집이다.

입국장. 우리는 식물계에 발을 내딛게 된다. 그러나 그것이 진정한 의미의 식물계인지 망설여지는 지점이 있다. 우리는 '그것'들과 우발적으로 만나게 된다. 인디언 무화과(「인디언 무화과」), 아마릴리스(「아마릴리스가 건너온 밤」), 링곤베리(「그녀는 검은 새 몇 마리를 가졌다」), 아가판서스(「핀베리 궁사 클럽」), 셀렘(「뒷면의 일」), 루피너스(「나무 없이는 아무것도」), 몬스테라(「정화된 흙」), 라벤더(「물꽂이」), 무환자나무(「무환자나무는 여기」), 펠리온나무(「펠리온나무의 밤」), 밤수지맨드라미(「밤수지맨드라미」), 아티초크(「장기 입원자」)……. 그것들은 식물이기 전에 모두 '이름'이다.

이름은 언제나 '지시'한다. 실체를 가리킨다. 그러나 우리는 난관에 봉착한다. 고주희의 식물들은 우리에게 여전히 외국으로 남아 있다. 기화요초의 이름들이 지시하는 실체에 대해 우리는 잘 알지 못한다. 인디언 무화과는 우리가 즐겨 먹는 무화과는 아니다. 그러나 인디언 무화과는 우리가 즐겨 먹는 무화과이다. "어릴 적 집 마당 한구석에/ 푸르게 익어가던 무화과"라고 시인이 밝히고 있으니 말이다. 그러고는 "우윳빛으로 터져 나오던 알 수 없는 신음들"에 대해 말한다. 그것은 달콤한 무화과의 과육을 개미와 같은 도둑들로부터 지키기 위해 나무가 분비하는 방어 장치로 익히 알려진 것이다. 낯익다. 우리는 실체에 가 닿을 수도 있다. "마당이 전부인 사람"과 만날 수 있다. "미쳤다거나, 들렸다거나" 하는 비난을 받는 사람과 만날 수 있다. 그러나 시인이 원하는 것은 그것이 아니다. "인디언과 무화과는 멀고"라고 말하면서도 시인은 멀리 떨어진 두 개의 관념을 결합함으로써 하나의 방벽을 쌓는다. 우리는 인디언 무화과라는 이름에서 헤매게 될지 모른다. 그러나 그것은 다른 것이 아니라, 우리가 잘 아는 바로 그 "시뻘건 울음주머니"(「인디언 무화과」)이다.

 우리는 아직 내막을 알 수 없다. 그러나 그것을 꼭 알아야 하는 것이 아니다. 우리는 다른 사람을 온전히 알 수 없다. 다만 다른 사람을 알려는 노력 속에서 그 사람의 한 슬픔을 감지할 수는 있을 것이다. 저 이름들이 요청하는 것이 바로 그것이다. "무수히 그어진 초록을 따라/ 모서리들의 학명을 기록하는 것은 길고 난해한/ 통증의 기저를 끝내 덮기 위함인지"라고 시인은 밝히고 있다. 우리는 "통증의 기저"에 있는 것을 끝내 알 수 없다. 그것은 언어화할 수 없을 정도로 "길고 난해한" 것이다. 그래서 시인은 슬픔의 기원을 감춘다. '숲'이라는 "덮개"가 열리는 것은 밤이 '잠'의 거의 두 배나 되는 불면의 시간, 홀로 깨어 있는 시간뿐이다(「노마 원스턴이 온다」). 그러나 우리는 초록이 있는 "모서리"에 아픔이 있다는 것을 느낄 수 있다.

 고주희가 소환한 식물의 이름들에는 은폐의 기능이 있다. 그러나 물론 그것이 전부는 아니다. 그것은 실체를 제대로 지시하지는 않지만, 다른 내포로 우리를 안내한다.

가령 우리는 꽃말과 같은 것에 기댈 수 있다. "겁 많은 침묵이 어푸어푸 소리 낼 때/ 나의 아스텍, 당신은 여전한 맹물의 맛"에서 우리는 '겁쟁이, 혹은 침묵'이라는 아마릴리스의 꽃말과 만난다(「아마릴리스가 건너온 밤」). "아가판서스의 보라색 폭숙"(「핀베리 궁사 클럽」)에서는 '사랑의 소식'을 읽을 수 있을지 모른다. 요컨대 저 이름들은 감추면서 드러낸다. 고주희의 시는 이 구조적 아이러니를 항상 포함하면서 불가항력적으로 양의성의 세계를 구축한다.

2

"우윳빛으로 티져 나오던 알 수 없는 신음들"은 과육을 노리는 존재들에게 '독'이지만, 그러나 그것은 시적인 것의 흘러넘침이기도 하다. 그것은 "시뻘건 울음주머니"에 담긴 물질과 본질적으로 다르지 않다. 상처나 통증 없이 그것은 흘러넘치지 않고, 또한 그것은 상처를 아물게 하고 통증을 완화시킨다. 시인은 "지혈제"라는 말을 무심코 쓴다(「인디언 무화과」). 이 상처와 회복의 운동이야말로 고주희 시의 본질이 아닐까.

> 기타를 만들어 본 사람은
>
> 새의 깃털로 포장된 화살촉을 믿지 않는다
>
> 치명상을 입었던 곳에는 종종

강철과 여러 줄의 유리섬유로 이루어진 악보

자꾸만 빗나가는 생을 부축하다
작은 소리만 찾아다닌 여행에선
풀이 들판을 밀어 올리듯
세상에 없는 사람들의 노래가 밤을 풍부하게 했다

법칙을 아는 순간
법칙을 벗어나기

아무런 시간도 걸리지 않은 벽엔
아가판서스의 보라색 폭죽

―「핀베리 궁사 클럽」 부분

 시인은 누군가에게 상처를 주는 일인 사냥의 도구('활')를 음악 세계의 도구인 "기타"와 멀지 않은 곳에 배치한다. 아름다운 음악을 만드는 것은 다른 것이 아니라 "치명상"이라고 말한다. 노래는 이 깊은 상처에서 비롯한다. 그 악보는 "강철"처럼 강하고 차가운 것과 "여러 줄의 유리섬유"처럼 약하고 따뜻한 것의 종합으로 되어 있다. 삶의 여정이 어긋나려고 하는 순간, 이 모순되는 것들의 종합인 시가 삶을 바로 세워준다. 부재하는 것들이,

없음의 감각이 밤의 현존을 더 윤택하게 한다. 없음은 있음으로 역전한다. 시인은 이 역전의 운동을 거듭하여 살 뿐 부재-상처의 세계나 현존-음악의 세계, 그 어느 쪽에도 속하려고 하지 않는다. 산 자들의 세계에도 죽은 자들의 세계에도 속하지 않는 존재로 끝없이 법칙을 벗어나려 한다. 그 일탈 속에서만 꽃은 빈 원고지 속에서 "보라색 폭죽"으로 상승하게 되리라 시인은 믿는다.

"법칙을 벗어나기"는 법칙이 없는 것과는 다르다. 굳이 말하자면 그것은 '법칙에 반대하는 법칙'이라고 할 수 있다. "어떤 마음이 걸어들어와서/ 진록의 그림자를 덮었다가 치웠다가"(「정화된 흙」) 하는 것이나 "우리는 잊으며 수시로 기억한다"(「물꽃이」)는 것 등은 고주희 시의 양의적인 법칙성을 드러낸다. "닳도록 읽고 잃어"(「알렉산드리아 도서관」)의 망각과 반망각의 교차나, "아름답고 고통스럽고 때로/ 죽음을 잘못 낳은 몸"(「꽃삽」)의 미추, 생사의 공존은 고주희의 시를 입체적이고 복잡한 구조물로 만든다. "몬세라트 카바예와 프레디 머큐리/ 라흐마니노프와 에릭 카르멘"의 이 어울리지 않은 조합에 시인은 '협연의 방식'이라는 이름을 붙이고 있는데, 그 명명 자체가 시인의 고유한 스타일로서 이 양의적인 세계의 결합, 내지는 공존이 하나의 상수로 이 시집에 패턴화하고 있음을 보여준다.

3

고주희의 시에서 양의성의 진자 운동을 가장 농밀하게 응축하여 보여주는 것은 '나무'와 '새'의 모순된 결합이다. 고주희의 '나무'는 다소 특이하다. 물론 그것은 세계가 협소하다. "마당이 전부인"(「인디언 무화과」) 정적인 사람들을 닮았다. 그러나 고주희의 시에서 '나무'는 멈춰 있지 않다. 그것은 위로도 옆으로도 밑으로도 자란다. "온실과 화단의 경계에/ 누가 남겨둔/ 우림의 물가 쪽으로 자라던 발"(「아마릴리스가 건너온 밤」), "루피너스가 곧게 자라나는 속도로"(「나무 없이는 아무것도」), "이동하는 꽃가루들"(「펠리온나무의 밤」) 등이 그 단적인 예이다. 이 움직이는 나무들은 정적인 사람들이 흔히 그러하듯 초월의 욕망을 남몰래 품고 있는지 모른다. 그들은 거의 새처럼 날아가려고 한다. 한편 고주희의 시에서 '새'는 결코 초월하지 못한다. 그것은 미래지향적인 세계로 떠나지 못하고 "나무 주위를 빙빙 도는 새"(「그녀는 검은 새 몇 마리를 가졌다」)로 그려진다. "추락하는 새"(「노마 윈스턴이 온다」), "휘파람을 불어도/ 새는 뒤돌아보지 않고"(「무환자나무는 여기」), "달리기하지 않는 새"(「다섯 계절의 습작」)에서처럼 '새'는 날지 못한다. 그것은 '나무'처럼 정적이다. '새'는 '나무'에 종속되어 있다.

내 몸 어딘가의 이끼처럼

쇠한 노래들이 퍼져나가고

걸음의 대역을 쓰면 이 모든 것이 사라질까

물그림자를 흔들어

길게 드러누운 나무를 깨우면

눌러놓았던 손바닥 위로

검은 새들의 발자국이 떠오른다

—「펠리온나무의 밤」 부분

　"펠리온나무"는 길게 드러누워 있지만, "쇠한 노래"의 확산과 맞물려 어딘지 움직이고 있는 느낌을 준다. 그것은 또한 "걸음"이라는 동적인 가능성을 내포한다. 잠들어 있는 나무를 흔들어 깨우는 것도 역시 동적이다. 반면 "검은 새들"은 "눌러놓았던"에서 짐작할 수 있는 것처럼 신체 안에 유폐되고 억압된 존재로 그려진다. 그것은 '나무'의 그림자로서 '나무' 안에 유폐되었다가 '나무' 안에서 각성한다. '새'는 그 모습을 드러내지 않는다. "발자국"만 떠오를 뿐이다. 그것은 '새'가 되고 싶은 '나무'의 욕망을 가시화한 것으로 갑자기 "떠오른다." '새'는 없다.

그것은 '나무'와 한 몸이다.

    발을 헛디디거나 넘어질 때마다
    숲은 어마어마한 감싸안음,
    제 발로 일어서는 기적을 도맡은 것처럼

    손뼉을 친다
    온몸의 비늘을 떨구며
    슬픈 영역 동물의 표정을 벗는 나무들

    한 번의 걸음에 한 풍경이 맺혀 들어와
    누가 볼세라 잠시 제 발을 핥곤 사라지는
    사랑이 살린다는 말

    내 속에 나도 모르는 고아가 자라나고 있다

    흙에 숨을 불어넣으면

    돋아나는 실뿌리
    고양이의 겨드랑이털처럼 끝 모를 여기
                              ─「날개와 뿌리」부분

이 시에서 '나무'는 '고양이'로 변신한다. 그러나 '고양이'는 여전히 대지에 종속되어 있다. 그것은 "슬픈 영역 동물"로 자기의 영역을 어슬렁거릴 수 있을 따름이다. 그래도 우리가 알고 있는 '나무'보다는 훨씬 동적이다. '고양이'와 결합함으로써 '나무'는 발을 헛디디고, 넘어지기도 하면서 움직인다.

이 시의 제목이 "날개와 뿌리"인 것이 사뭇 흥미롭다. 이 시에 '날개'라는 시어는 등장하지 않기 때문이다. 이 시에는 '나무'와 '뿌리'만이 있다. '뿌리'는 "고양이의 겨드랑이털"이라는 보조 관념을 거쳐 '날개'가 되는 것이 아닐까. "날개와 뿌리"는 처음부터 둘이 아닌 하나의 통합체로 존재한다. 키메라적인 존재이다.

자기 안의 '부(負)'의 감정("고아")에 오히려 희망이 있음을 이 시인은 안다. 외로울수록 '나무'는 걷는다. 걸음이 빨라진다. 뿌리가 드러나게 달린다. 뿌리는 점차 날개로 변한다. "기적"이다. 양가적인 세계를 통합한 이 상상력이야말로, 시야말로 "기적"이다.

4

'나무'와 '새'의 결합만큼이나 흥미로운 것이 '돌'의 형상이다. 이 시집에서 '나무'와 '새'가 비교적 일관성을 띠면서 중요한 상징으로 안착한 데 비해 '돌'은 상징이기는 하지만 더 다면적인 성격을 띤다. 물가에서 "이만 번의 망치질"(「펠리온나무의 밤」)을 견디는 '돌'과 "뿌리" 아래에서 나무의 생장을 방해하는(「돌의 비망록」) '돌'은 같다고 할 수 없다. 뿌리 아래의 '돌'은 "숲의 밤을 따라 걸으면/ 누군가 흘려놓은 흰 조약돌"(「여름에 닿는 일」)에 위상학적으로 더 가깝다. 양자는 부정과 긍정의 대극에 놓여 있지만, 내밀한 곳에 모습을 감추고 있다는 점에서는 유사하다. 고주희는 '돌'의 다양한 변주를 시도하는데, 다음의 장면은 인상적이다.

> 까맣고 단단한 돌
> 자루에 가득 담아 하나씩 던지다,
> 어떤 날은 깊은 물 속으로 데려갔는데
>
> 헤아리는 기도에
> 물의 기척에
> 팥알 크기의 꽃들이 둥둥 떠올라
>
> 누가 문지른 적도 없는데
> 거품이 떠다닌다
>
> ―「무환자나무는 여기」 부분

이 장면은 '돌'을 씻는 장면처럼 여겨진다. '돌'이 "깊은 물"에 닿자 '돌' 안에 있는 것들이 물 위에 떠오른다. "팥알 크기의 꽃들"과 "거품"이 그것이다. 바슐라르가 정리한 '물'과 '흙'의 주제에서도 이렇게 아름다운 장면은 찾아볼 수 없을 것이다. '돌'은 그 안에 이실적인 것을 감추고 있는 사물로 제시된다. "기도"와 "물의 기적"에 '돌의 안'에 있는 것들이 새어 나온 것이다. 이 비움의 화학적 변화는 "까맣고 단단한 돌"의 어둠과 경직성을 완화함으로써 깨끗하고 편안한, 그래서 더 아름다운 상태로의 이행처럼 보이며, 그런 면에서 일종의 의식(儀式)으로 보인다.

"돌 하나가 나무고/ 돌 하나가 새이고"(「물꽃이」) 하는 데서도 알 수 있듯이 '돌'은 '나무'와 '새'까지도 그 안에 감추고 있다. 그런가 하면 "돌은 하나의 정원"(「뒷면의 일」)이라는 선언은 얼마나 예사롭지 않은가. 그것은 '돌'이 하나의 우주임을 강변하는 말로 들린다. '돌'이 '정원'이라면, 저 길고 낯선 이름의 식물들이 연달아 출현하는 이 시집은 바로 그 '돌'이라고 할 수 있는 것이 아닐까. "누군가 흘려 놓은 흰 조약돌"(「여름에 닿는 일」)은 바로 이 시집 자체이다. '돌'은 자기 자신을 포함하는 역설적인 집합이다. 하나의 완결된 세계면서, 동시에 생성 중인 세계, 닫혀 있으면서 열리는 중인 세계이다.

어떤 상태인지 모를 밤이 그대로 지나간다

벌레가 살지 않는 흙과
세척된 돌이 일궈놓은 나의 정원에

본적 없는 꽃이 피었다

— 「정화된 흙」 부분

"벌레가 살지 않는 흙"이란 흙의 완결성, 흙의 폐쇄성을 강조한 표현이다. "세척된 돌"이란 「무환자나무는 여기」에서의 '의식'을 통해 완전히 비워진 세계, 무균 상태의 세계를 나타낸다. 그런데도 "꽃"이 핀다. "어떤 상태인지 모를" 불가지적인 힘에 의해 닫힌 세계가 열리는 중이다. 슬픔을 말려야 할 세계에, 굳게 닫아건 마음의 빗장을 풀고 시심이 돋아난다. "본적 없는 꽃"은 얼마간 양의성을 띤다. 그것은 외부에서 침입한 이질적이고 낯선 것이면서, 역시 아름다운 꽃이다. 꽃은 조용히 살고자 하는 시적 화자의 삶을 동요시키면서, 동시에 시적 화자의 슬픔을 승화한다.

5

고주희는 '통증'을 호소한다. "아득한 통증으로 당신이 몰려온다"(「수림」)나 "구름판을 벗어난 몸처럼/ 비튼 자세에서만 무한한 통증"(「수영장」)이라고 말한다. 아득하거나 무한한 것인 '**통증**'은 그 내막을, 기원을 알 수 없다. '뿌리'까지 내려가도 그 원인을 찾을 수 없다. 다만 거기에 '돌'이 있다는 것을 알 수 있을 뿐이다. '통증'은 고주희의 세계에 무수한 '실금'을 남긴다. 그것은 너무나 오래된 것이어서 '뿌리'와 구분할 수 없다. "커다란 돌 하나에 수직으로 뻗은/ 실금은 무수한 뿌리라 적고"(「알렉산드리아 도서관」)가 바로 그 증거이다. '통증'의 기원인 '뿌리'는 '통증' 그 자체와 구분할 수 없는 것이 된다. 세계에 생긴 균열("실금"), '통증'과 위상이 같은 이 상처는 그 기원과 이미 분간할 수 없는 것이 되어 세계를 떠받친다. "다관에 물을 끼얹는다/ 실금과 실금 사이/ 미열이 유지되도록"(「한 사람을 일으키는 일에 대해 생각했다」)이라고 했던가. '실금'은 "다관"이라는 세계가 붕괴하기 쉬운 지점이면서, "다관"이라는 세계가 무너지지 않도록 세계를 파지(把持)하는 오래된 '뿌리'이기도 하다.

아득하다거나 무한하다는 것은 어떤 것일까. 그것은 "닿을 수 없는 블루스"(「제주소년블루스」)라는 말로 대체할 수 있을지 모른다. "뭐든 완벽하길 바랐지 그러나"(「협연의 방식」)의 완벽에의 추구와 그 불가능성과도 닿아 있다. '완벽'은 "닿을 수 없는 목적지"(「탕헤르, 종달리」)이다. 시인은 "나는 매일 어디를 살다 온 것일까"라고 목적지에 이르지 못한 회한을 말한다. 그러나 '실금'이 '뿌리'이듯이 이 '헤맴'과 '목적지' 역시 처음부터 하나였는지 모른다.

  고주희의 시는 복잡하다. 우리가 알지 못하는 이름들이 세이렌처럼 우리를 유혹한다. 이름은 실체를 지시하지 않고 은폐하면서, 동시에 통증의 위치를 감득하게 한다. 상처를 드러내는 것은 회복의 운동과 맞물린다. 고주희는 양의성의 매우 독창적인 세계를 구축한다. '나무'는 날고자 하는 그 순간의 운동성을 기억하고 있으며, '새'는 그 주변을 맴돌다가 추락한다. '나무'와 '새'는 한 몸이 된다. 이 키메라적인 것은 '돌'의 세계에서 새어 나온 것이기도 하다. '돌'은 닫힌 세계이면서도, 이질적인 것들의 침입에 항상 열려 있다. 이 열려 있음이야말로 '끝'을 한없이 지연시킨다. 고주희는 이 신기한 '돌'을 우리에게 던진다. 자기만 알고 싶어서 숲에 감추면서도, 동시에 던진다. '돌'에는 무수한 '실금'이 있고, 이 '실금'은 '돌'을 살게 한다. 비록 목적지에 이르지 못하더라도, 우리는 살 수 있다.

청색지시선 14

나무 없이는 아무것도
고주희 시집

초판 1쇄 발행 2025년 5월 30일

지은이	고주희
펴낸곳	청색종이
펴낸이	김태형
인쇄	범선문화인쇄
등록	2015년 4월 23일 제374-2015-000043호
주소	서울시 영등포구 문래동2가 14-15
	경기도 양평군 옥천면 웃새말길 53
전화	010-4327-3810
팩스	02-6280-5813
이메일	bluepaperk@gmail.com
홈페이지	bluepaperk.com

ⓒ 고주희, 2025

ISBN 979-11-93509-16-6 03810

이 책은 저작권법에 따라 보호받는 저작물이므로 저작권자와 출판사의 허락을 받아야 복제하거나 다른 용도로 사용할 수 있습니다.

값 12,000원